כוסף זַץ

LE CRI

DE J A NATURE,

COMÉDIE

EN VERS ET EN UN ACTE;

Par M. ARMAND, Privilégié du Roi, pour les Spectacles de Fontainebleau, suivant la Cour :

Représentée pour la premiere fois à Fontainebleau, le 20 Octobre 1769.

Le prix est de 24 sols.

A PARIS,

Chez la Veuve DUCHESNE, Libraire, rue Saint-Jacques, au-dessous de la Fontaine S.-Benoît, au Temple du Goût.

M. DCC. LXXI.

ACTEURS.

MONGEI.

Madame DE MONGEI, fon Époufe.

M. BONCOUR, Pere de Madame Mongei.

Madame GERVAIS, Maitreffe d'Hôtellerie.

SUZON, Fille de Madame Gervais.

VINCENT, Payfan, Amant de Suzon.

MARLOT, Valet de M. Boncour.

La Scène eft dans un Village à quelques lieues de Paris.

LE CRI
DE LA NATURE,
COMÉDIE.

SCENE PREMIERE.

Madame GERVAIS, SUZON.

Le Théâtre repréfente le devant d'une Auberge de Village, avec l'Enfeigne de l'Écu de France. Madame Gervais & fa Fille font affifes fur un banc qui eft à côté de la porte. On doit fuppofer que c'eft un Dimanche, & les Acteurs & Actrices être habillés en conféquence du Coftumé de véritables Bourgeois de Village endimanchés. Suzon tient une brochure à la main.

Madame GERVAIS.

Vous en parlez bien à votre aife,
Ma fille ; mais je dois en favoir plus que vous :

A ij

Je ne fuis point méchante, à Dieu ne plaife :
Cependant, je ne puis garder toujours chez nous,
Toute aimable à vos yeux qu'elle puiffe paroître,
Cette Dame pour qui vous vous intéreffez.
  Les temps font durs. C'eft vous en dire affez.

SUZON.

Tenez, maman ; je me trompe peut-être,
  Mais j'efpere qu'au premier jour
Nous reverrons ici fon mari de retour
  Avec quelqu'heureufe nouvelle.

Madame GERVAIS.

C'eft elle qui te met tout ça dans la cervelle ;
  Mais avec tous fes beaux difcours,
Ce mari devoit être abfent pendant huit jours ;
J'avois fous cet efpoir reçu fa femme en garde.
Tu vois à revenir, cependant, comme il tarde.
Depuis plus de trois mois qu'il eft parti d'ici,
On n'en a rien appris ; j'ai pourtant, Dieu merci,
Du fort de cette Dame été fi fort touchée,
  Que chez nous elle eft accouchée.
A la mere, à l'enfant, je n'ai refufé rien ;
  Comme elle t'a pris pour marreine,
  Par amitié tu partages fa peine ;
  Mais moi, quand j'avance mon bien,
  Je veux favoir où le reprendre.

SUZON.

Vous n'aurez rien perdu, ma mere, pour attendre :
  J'en jurerois ; elle eft femme d'honneur.

Madame GERVAIS.

D'accord ; mais fon mari peut être un affronteur.

SUZON.

En vérité , je ne faurois le croire.

Madame GERVAIS.

Je le crois bien ; toi qui lis des Romans ,
Tu te laiffes gagner par une belle hiftoire.
Mais moi qui ne lis point , aujourd'hui je prétends
Qu'elle forte d'ici.

SUZON.

Ma mere , je vous prie ,
Vous avez fait une bonne action ,
Les recevant tous deux dans votre hôtellerie ,
Trop de précipitation
Pourroit vous ravir l'avantage
D'achever un fi bel ouvrage.
Vous en aurez , (j'en ferois caution ,)
Entiere fatisfaction.
Dans ces Romans qui ne vous plaifent guère ,
Je trouve des leçons d'honneur , d'humanité ;
Que l'on doit foulager les gens dans la mifere ,
Et qu'enfin le malheur doit être refpecté.

Madame GERVAIS.

Les gens de notre état méritent qu'on les plaigne
Quand ils penfent ainfi : l'on part fans dire adieu ;
Et fi jamais tu tiens ma place dans ce lieu ,
On te verra réduite à mettre bas l'Enfeigne :
Chacun emportera ton bien.

SUZON.

Ceux qui me tromperont n'auront pas le moyen
Sans doute de payer , & j'aurai l'avantage
De goûter le plaifir qu'on a , quand on foulage

A iij

Les humains dans l'adverſité.
Eſt-il rien de plus beau que l'hoſpitalité ?

Madame GERVAIS.

Oui ; mais on ſe réduit, quand on n'eſt pas plus ſage,
Au même état que ceux que l'on ſoulage.

SUZON.

J'ai toujours eu pitié du ſort des malheureux ;
S'il m'étoit réſervé, j'aurois lieu de m'attendre
Que quelqu'ame ſenſible & tendre
Pourroit penſer pour moi comme je fais pour eux.

Madame GERVAIS.

Bon ! compte là-deſſus, tu feras bonne chere.
Mais je veux bien encor patienter,
Puiſque cette Dame t'eſt chere,
Et ne la point inquiéter,
Pendant deux ou trois jours. En cas qu'elle deſcende,
Préviens-la que j'attends du monde inceſſamment,
Et que j'aurai beſoin de ſon appartement.
Qu'il ne faut pas qu'elle s'attende
Que je refuſe gens qui me payeront bien,
Pour loger ceux qui ne me donnent rien.
Comme t'as de l'eſprit, ſur toi je me repoſe
Pour lui tourner ça gentiment ;
En douceur conte-lui la choſe,
Par maniere de compliment.

(*Elle ſort.*)

SUZON, *ſeule.*

Je m'acquitterai mal d'un ordre ſi ſévere ;
Mon cœur en eſt à tel point affligé,
Que je ſacrifierois, je crois, tout ce que j'ai,
Pour adoucir le ſort de ma pauvre commere.

SCENE II.

VINCENT, SUZON.

VINCENT, *sans voir Suzon.*

LA fortune arrive souvent,
Dit-on, quand le moins on l'appelle;
Alle ressemble justement
Au chien de feu Jean de Nivelle.
Comme alle a bian des gens à contenter,
C'est ce qui fait qu'alle passe si vîte:
Quand on est sage on en profite,
Pour peu qu'on puisse l'arrêter.
Que ma Suzon sera contente,
Alors qu'alle apprendra.... la velà justement,
Bon jour, Suzon.

SUZON.

Ah! c'est donc toi, Vincent?

VINCENT.

J'arrivons de Paris.

SUZON.

J'étois impatiente,
Te voyant tarder si long-temps.

VINCENT.

C'est naturel quand on aime les gens.
Mais la nouvelle que j'apporte,

A iv

LE CRI DE LA NATURE,

Va nous dédommager affez
Des quatre jours que j'ons paffés
Sans nous voir.

S U Z O N.

Qu'eft-ce donc ?

V I N C E N T.

Chofe qui nous importe,
Et doit nous conduire bian-tôt
A la nôce tout d'un plein faut.

S U Z O N.

Bon, bon ! nous avons eu vingt fois cette efpérance,
Et jamais rien n'a réuffi.

V I N C E N T.

Tatigué ! pour cette fois-ci,
J'aurons une meilleure chance ;
J'avons en poche le moyen
De hâter notre mariage.
Mon parrein, à préfent, je gage,
Va confentir à tout.

S U Z O N.

Je n'en crois rien.

V I N C E N T.

Jarnonce ! t'es ben incrédule !
Mais quand t'aurois la tête d'une mule,
Ton cœur fera content ; & tes yeux réjouis.
(*Il tire une bourfe.*)
Tians, reluque bian cette bourfe,
De notre bonheur c'eft la fource ;
Alle coutiant, cent vingt-cinq Louis.

SUZON.

Hé ! quand elle en contiendroit mille,
D'abord qu'elle n'eſt pas à moi,
Que m'importe ?

VINCENT.

Eh bian donc ! ſur ce point ſois tranquille ;
Car perſonne n'a droit d'en diſpoſer que toi.

SUZON.

Que moi ? Tu te moques ſans doute ?

VINCENT.

Ce n'eſt point un godan ; accoute :
Te ſouviant-il que j'ons tous deux, le mois paſſé,
Pris un billet de Loterie,
A quoi, depuis, tu n'as pus repenſé ?

SUZON.

Hé bien ? acheve, je te prie ;
Ce billet a gagné ?

VINCENT.

Seulement mille écus.
Pour un commencement, c'eſt toujours bon à prendre,
Je ſommes dans la veine, & devons nous attendre,
Qu'une ſeconde fois, j'en aurons encor plus.

SUZON.

Pourquoi de cet argent veux-tu que je diſpoſe ?
N'es-tu pas mon aſſocié ?

VINCENT.

Je ſavons bian qu'à prendre à la rigueur la choſe,
Il m'en reviant, de franc jeu, la moitié.
Mais il s'agit de notre mariage :

Mon parrein , qu'eſt.... révérence parler ,
Le Procureux Fiſcal de ce Village ,
De jour en jour ne fait que reculer.
Quand je parois fâché de ce qu'il lantiponne,
La belle raiſon qu'il me donne !
J'ons quatre arpents de tarre ; & toi tu n'en as pas!
Faut donc uſer de rubrique en ce cas ,
Et piſqu'on nous dit que la terre
Du genre humain eſt la commune mere ,
T'es ſon enfant tout comme moi :
Il n'eſt pas juſte donc que j'en aie pus que toi.
Or , cet argent rendra la choſe égale ;
Faut que ta mere , & ſans en ſonner mot ,
Prenne ces mille écus pour augmenter ta dot ,
Qu'aux yeux de mon parrein enſuite on les étale.
Un Voyageur m'a dit qu'il ſavoit un pays ,
Où le mari payoit la dot de ſa future :
Cette coutume-là me plaît , & je te jure
Que c'eſt de bian bon cœur que pour toi je la ſuis.

S U Z O N.

Par de tels ſentimens , qui prouve ſa tendreſſe ,
A lieu d'eſpérer du retour ;
Mais avant d'écouter la voix de notre amour ,
Celle de l'équité me preſſe
De te faire une objeƈtion ,
Touchant ta propoſition.
N'avons-nous pas ſujet de nous faire un ſcrupule ,
Mon cher ami , de nous approprier ,
Ainſi que nous faiſons , cet argent en entier ?

V I N C E N T.

Si j'en avions un brin , ça ſeroit ridicule :

J'achetons un billet ; il porte du profit,
Je le prenons : je crois que tout est dit ;
Et tout chacun en fait de même.
Falloit-il le laisser au Marchand de billets,
A ton avis ? je ne fis pas si niais.

SUZON.

Non ; tu vas toujours à l'extrême :
Mais, te souvient-il du sujet
Qui nous fit prendre ce billet ?

VINCENT.

Si je m'en souviens ? tatiguenne !
Je l'avons pris à propos de l'enfant
Dont je fis le parrein & dont t'es la marreine.
Pour voir si ce pauvre innocent
Nous rapporteroit bonne aubaine,
J'avons pris pour devise, à l'Enfant nouveau né.

SUZON.

Par conséquent, c'est chose très-certaine
Qu'il a part au billet.

VINCENT.

C'est fort mal raisonné,
Si tu veux bian me le permettre,
Pisque pour ce billet j'avons mis notre argent :
Mais il n'a rian mis cet enfant.

SUZON.

Le Ciel a mis pour lui ce qu'il pouvoit y mettre,
Ce que nous demandions.

VINCENT.

Et quoi donc ?

SUZON.

Du bonheur.

VINCENT.

Tu crois donc que sans li j'aurions eu malencontre?

SUZON.

Je t'ai toujours connu pour un garçon d'honneur,
Tu dois également l'être en cette rencontre :
    Et la devife prouve enfir
Que l'Enfant doit avoir le tiers de notre gain.

VINCENT.

Le tiers ? c'eft mille francs ! Hé ! qu'en a-t-il affaire ?
    Sarvons-nous-en toujours en attendant ;
    Je l'y rendrons après, s'il deviant grand.

SUZON.

    Tu ne fonges pas que fa mere
    Eft dans le plus preffant befoin.
D'elle jufqu'à ce jour la mienne a pris grand foin ;
    Mais du mari la longue abfence
    La fait à la fin murmurer.
J'ai fait, en vain, inftance fur inftance ;
    Elle vient de me déclarer
    Qu'elle ne peut la garder davantage
Sans argent.

VINCENT.

    Ah ! pargué ; ce feroit grand dommage !
Cette Dame eft honnête, alle a de la biauté,
Alle ne fe dit pas femme de qualité,
    De plus ; & ça pour elle m'intéreffe :
    Car, vois-tu ! Suzon, la nobleffe
    Ne foutiant fes grands airs fendans,

Qu'aux dépens du travail des pauvres Payfans;
Et fi l'on propofoit à ces biaux de la ville,
De défricher un champ, de le rendre fertile,
    Ils prendroient ça pour un affront.
Le métier de Cocher, que tous les jours ils font,
    Leux paroît bian plus honorable;
Dans un Cabriolet, allant un train de diable,
D'éclabouffer le peuple ils femblent s'applaudir.
Il vaudroit mieux, morguenne! apprendre à le nourrir.
    N'avont-ils pas des bras comme les nôtres?
    Un pareffeux, s'il a le cœur humain,
    Doit rougir de manger du pain
    Gagné par la fueur des autres:
Mais en les nourriffant, ce que j'y vois de pis,
C'eft pour eux le pain blanc, & pour nous le pain bis,
    (Et par fois je n'en avons guère.)
Auffi je me fouvians que défunt mon grand-pere,
Appelloit la maifon d'un riche fainéant,
    Le tombeau d'un homme vivant.

SUZON.

Revenons à notre Commere.

VINCENT.

Drès que c'eft jufte, il faut li porter fur le champ
    Ce qui reviant à fon enfant;
Ou bian aimes-tu mieux que je payions ta mere?

SUZON.

Mon cher ami, l'on doit, en obligeant quelqu'un,
    Ménager fa délicateffe:
Cette Dame a le cœur au-deffus du commun;
Airfi, pour la fervir, il faut ufer d'adreffe.

Ces jours passés quand tu fus à Paris,
Elle te donna des lumieres,
Et te fit devant moi les plus vives prieres
Pour trouver son mari.

VINCENT.

Je n'en ons rian appris.

SUZON.

C'est ce qu'il ne faut pas lui dire ;
Suis le conseil qu'ici l'honneur m'inspire ;
C'est Dimanche aujourd'hui, tu ne vas pas aux champs.
Il faut entrer chez elle, &, sans perdre de temps,
Lui dire qu'à Paris un hazard favorable
T'a fait rencontrer son époux,
Qu'il doit bien-tôt se rendre auprès de nous ;
Et brûle de rejoindre une femme adorable ;
Mais qu'étant obligé d'y demeurer encor,
Pour elle il t'a remis ces mille francs en or.

VINCENT.

Moi tenir un discours semblable !
Songe que ça, m'engage à mentir comme un diable.

SUZON.

A mes yeux comme aux tiens le mensonge est affreux :
Mais pour sauver la vie à quelque malheureux,
Il peut être employé, du moins je l'imagine,
Ainsi que le poison l'est dans la médecine,
Avec adresse & grand ménagement.

VINCENT.

Tu te chargeras donc de tout le compliment,
Car de mentir je n'ons pas l'habitude ;

C'eſt pour moi peut-être un malheur :
Sans ça j'aurions été premier Clerc de l'Étude
De mon parrein le Procureur.

SUZON.

Elle doit être aſſurément chez elle :
Ne perdons point de temps, entrons-y promptement.
Le plaiſir de porter une heureuſe nouvelle
Reproche aux cœurs bien faits la perte d'un moment.

(*Ils ſortent.*)

SCENE III.

Le Théâtre change & repréſente une chambre d'Auberge, aſſez proprement meublée, mais ſans magnificence, & un Cabinet dans le fond. Madame Mongei y paroît ſeule, aſſiſe devant une table, ſur laquelle elle eſt appuyée, un berceau avec un enfant à côté d'elle.

Madame MONGEI, *ſeule.*

HÉ quoi ! ce penchant invincible,
Qui porte les cœurs à s'unir,
Ne nous l'as-tu donné que pour nous en punir,
Sage nature ? Non, la choſe eſt impoſſible.
La chimere des préjugés,
Le ſordide intérêt, le ridicule uſage,
Ne furent jamais ton ouvrage :

Ce font des fers qu'entr'eux les hommes ont forgés ;
(*Montrant fon enfant.*)
   Et dont voilà l'innocente victime.
Cher Enfant, qu'as-tu fait pour être infortuné ?
    Ta naiſſance n'eſt point un crime ,
Et tu n'auras jamais à rougir d'être né.
    Si ton ayeul inéxorable
De ton pere & de moi n'approuva pas les nœuds ,
En face des autels un pouvoir reſpectable
    Nous a-t-il moins unis tous deux ?
   Tu vis à peine , & la mort te menace ;
Je dois , pour ſoutenir tes déplorables jours ,
D'une main étrangere emprunter des ſecours ,
    Qu'on m'accorde à titre de grace ,
Et que de tes parens tu ne peux eſpérer.
A croître nos malheurs tout ſemble conſpirer :
    Tu n'as plus que moi ſur la terre ,
Et je n'y ſuis qu'un être abandonné de tous ;
Car je n'oſe eſpérer que ton vertueux pere
Reſpire encor ; ſans doute il ſeroit près de nous ;
Il ne nous trahit point , ſon ame m'eſt connue ;
    Je ſais que ſon plus grand bonheur
Eût été de jouir d'une ſi chere vue :
Mais il vouloit fléchir un oncle en ſa faveur ;
Nous nous ſommes flattés d'une eſpérance vaine ;
De douter de ſon ſort , il ne m'eſt plus permis ;
Il s'eſt livré lui-même , & j'en ſuis trop certaine ,
    Dans les mains de ſes ennemis.

SCENE

COMÉDIE. 17

SCENE IV.

Madame MONGEI, SUZON, VINCENT.

VINCENT, *bas à Suzon, en entrant.*

JE voudrois t'obéir, Suzon; mais j'en enrage:
Je dis la vérité depuis plus de vingt ans;
Et tu veux tout-d'un-coup que je change d'usage;
J'ai peine, pour mentir, à desserrer les dents.

SUZON, *bas à Vincent.*

Dis toujours oui, nigaud, pour te tirer d'affaire,
Et laisse-moi parler.

VINCENT.

C'est bien facile à faire.

SUZON, *à Madame Mongei.*

Je viens vous rapporter l'espoir & la gaieté,
Madame.

Madame MONGEI.

Qu'est-ce donc? Parlez, ma chere amie.

SUZON.

Ah! Madame, ce nom, si je l'ai mérité,
Est le plus beau qu'on m'ait accordé de ma vie.
Mais un événement bien plus intéressant
Près de vous tous deux nous amene;

B

Voici mon compere Vincent,
Qui revient de Paris.

VINCENT.

Oui, la chofe eft certaine:
Par exemple, alle ne ment pas.

SUZON.

(*Bas à Vincent.*)

Te tairas-tu ? Je fuis un peu dans l'embarras,
Je crains que tout-à-coup une nouvelle heureufe
Ne vous caufe une joie un peu trop dangereufe....

Madame MONGEI, *vivement.*

Ne craignez rien ; de grace expliquez-vous ;
Vincent auroit-il vu, par bonheur, mon époux ?

SUZON.

Suppofons qu'il l'ait vu.

VINCENT.

Oui.

Madame MONGEI.

Ciel ! puis-je le croire ?
Ah ! mes enfans, vous flattez ma douleur,
Je le vois trop, par une douce erreur.

SUZON.

Si nous forgions à plaifir une hiftoire,
D'où lui viendroient, pour vous, ces mille francs en or ?

VINCENT, *montrant des Louis d'or.*

Oui ; c'eft ça qu'eft du vrai.

SUZON.

Douteriez-vous encor ?

Madame MONGEI.

Je ne le puis ; mais mon trouble eft extrême,
De ne le pas voir en ces lieux lui-même.

(*Avec inquiétude.*)

Peut-être fa fanté....

SUZON, *à Vincent.*

L'en empêche ?... dis....

VINCENT, *embarraffé.*

Oui....

On peut s'imaginer.... que.... ça pourroit bien être....

Madame MONGEI.

Dieux ! un rayon d'efpoir m'a trop tôt ébloui ;
Votre embarras me fait affez connoître
Ce qui depuis trois mois le retient éloigné,
Sans quoi par une lettre il m'auroit témoi.. ..
Qu'il fouffre autant que moi d'une cruelle ab..... ;
Un feul mot de fa main eût banni mon fouci.

(*Suzon fait figne à Vincent de parler.*)

VINCENT.

Dans peu vous varrez fa préfence,

(*Montrant l'argent.*)

Vrai, comme il m'a baillé ce que j'apporte ici.

(*A Suzon.*)

Tu vois combian je t'aime, & comme à ton école
J'apprends à parler par bricolle.

Madame MONGEI.

Que vous dit-il ?

SUZON.

Qu'il eft impatient

B ij

Que vous preniez au plutôt votre argent.

VINCENT.

Alle a raison ; &, quand on est comptable,
Il faut s'acquitter vîte, & d'un air agriable.

Madame MONGEI, *prenant l'argent.*

Je dois être sensible à ce bon procédé ;
Suzon, je sais qu'auprès de votre mere,
C'est à votre seule priere
Qu'un généreux asyle ici m'est accordé ;
Permettez-moi d'être reconnoissante,
Autant qu'il est en mon pouvoir :
De grace, daignez recevoir
Ces dix Louis que ma main vous présente.

SUZON.

Pour moi c'est le plus grand bonheur,
Si j'ai pu réussir à vous prouver mon zèle.
Et votre offre me fait une peine mortelle ;
J'aime l'argent, mais encor plus l'honneur.

Madame MONGEI.

Je n'insisterai pas ; mais au moins tout m'engage
A payer au plutôt à Vincent son message ;
Il est exact autant que diligent.

VINCENT, *voulant prendre.*

J'aime l'honneur, mais encor plus l'argent.

SUZON, *l'arrêtant.*

Que vas-tu faire ?

VINCENT.

Moi ? prendre ce qu'on me donne.

SUZON.

Ce Monsieur te l'a défendu,
Tu me l'as dit tantôt.

VINCENT, *retirant sa main avec peine.*

Crois-tu ?

SUZON.

Assurément j'ai la mémoire bonne ;
De plus , il t'a promis de te récompenser
Lui-même à son retour.

VINCENT , *comme par réflexion.*

Ah ! tu m'y fais penser.

Madame MONGEI.

Je vois qu'une ame honnête , & qui connoît la peine ;
Mais dont les pouvoirs sont bornés ,
Est bien souvent, pour les infortunés ,
La ressource la plus certaine.
En faisant des heureux , tel qui suit son penchant ,
Et de bonne heure en fait contracter l'habitude ,
Peut-il trouver de cœur assez méchant
Pour le payer d'ingratitude ?

VINCENT.

Je pensons assez comme vous :
Mais la plupart des hommes sont si fous ,
Qu'ils se faisont passer pour plus bizarres,
Qu'ils ne sont en effet ; & je ne comprends pas
Qu'on trouve, comme on dit, si grand nombre d'ingrats,
Quand je songe combien les généreux sont rares.

Madame MONGEI.

Allez, mon cher Vincent, à Madame Gervais

B iij

Porter cette fomme au plus vîte :
Non que je croye avec elle être quitte,
J'ai le cœur trop rempli de fes bontés.

VINCENT.

J'y vais.
(*Il fort.*)

SCENE V.

Madame MONGEI, SUZON

SUZON.

PERMETTEZ-MOI, mon aimable commere,
D'ofer vous demander, mais par bonne amitié,
Pourquoi vous envoyez une fomme à ma mere,
Dont vous ne lui devez, au plus, que la moitié.

Madame MONGEI.

Rien n'eft plus jufte ; en arrivant chez elle,
Votre mere a pu voir affez facilement
Que notre état n'étoit pas opulent.
Sa confiance en nous a pourtant été telle,
Que peu de jours après elle a permis
A mon époux de partir pour Paris ;
Elle m'a, pendant fon abfence,
Accordé des fecours en m'avançant fon bien ;
Puifque j'en ai maintenant la puiffance,
Il eft jufte, à mon tour, que j'avance le mien.

SCENE VI.

SUZON, Mde MONGEI, VINCENT, MONGEI, *qui arrive après Vincent.*

VINCENT.

Hé bian ! une autre fois, morguenne !
Prendrez-vous de mes Armanacs ?

Madame MONGEI.

Comment ?

VINCENT.

Votre mari viant d'arriver là-bas ;
Le voici que je vous amene.

MONGEI, *dans l'équipage d'un homme qui s'eſt ſauvé de priſon, ſans épée, ſe jette dans les bras de ſa femme.*

C'eſt elle que je vois !

Madame MONGEI.

Cher époux !

MONGEI.

Quel bonheur !

Madame MONGEI.

Le Ciel m'accorde, enfin, ſa plus douce faveur !

MONGEI.

Aux maux les plus cruels, depuis trois mois en proie,
Mon cœur, preſſé par la douleur,

B iv

Se croyoit déformais infenfible à la joie ;
          Mais dans tes bras je connois mon erreur :
Ciel !

(Suzon pendant ce temps a été prendre l'enfant dans fon
  berceau pour le montrer à fon pere , qui jettant les yeux
  fur le berceau , & ne l'y voyant pas , paroît effrayé.)

Madame M O N G E I.

          Que dois-je penfer de ton inquiétude ?

M O N G E I.

Ah ! daigne me tirer de mon incertitude.
Oui.... je dois t'avouer.... que je fuis inquiet ,

          (Suzon qui étoit derriere lui , lui préfente fon fils.)
Du fruit !… Ah ! je le vois , & je fuis fatisfait ;
Je goûte le plaifir d'être époux , d'être pere :
          Je n'ai plus rien à defirer.

Madame M O N G E I.

Pardonne , tendre Époux , fi j'ai pu différer
          A te montrer une image fi chere :
Le plaifir de te voir occupoit tous mes fens ;
          Songe que dans fi peu d'inftans
          On ne peut voir changer fa deftinée ,
Sans que de fi grands coups l'ame foit étonnée,
Tous les malheurs fembloient fe réunir fur moi.
Mon bonheur eft au comble en vivant près de toi.
          C'eft une exiftence nouvelle ,
          Qui maintenant anime tout mon cœur.

M O N G E I.

Tu ne fais pas , fans doute , où va notre malheur !
La fortune à nos vœux eft encor plus rebelle ,
          Que lorfque je quittai ces lieux.

Cet Enfant, le plus cher des trésors à nos yeux,
    N'aura de nous reçu la vie
Que pour la voir de maux & de honte remplie.
Ce parent sur lequel j'avois toujours compté,
    Dont je croyois l'amitié si sincere,
Avoit été déja prévenu par ton pere,
    Lorsque chez lui je me suis présenté :
    J'ai trop connu sa fatale prudence,
    Et qu'il craignoit d'irriter contre lui,
    En nous accordant son appui,
Un homme dont par-tout on vante l'opulence.
    En m'accablant de reproches honteux,
    Il me déclara que ton pere
N'approuveroit jamais que, bravant sa colere,
L'hymen, sans son aveu, nous eût unis tous deux.
    Vainement, pour notre défense,
    Je rappellai qu'en des temps plus heureux
Ton pere avoit juré de couronner nos feux :
Du ton le plus sévere il m'imposa silence.
    Je m'apprêtois à le quitter,
Lorsqu'inhumainement il me fit arrêter ;
Dans un affreux cachot, destiné pour le crime,
(Ayant voulu défendre en vain ma liberté,)
    Presque mourant je fus jetté ;
Des rigueurs de la loi prêt d'être la victime.
Au bout de quelques jours, il me vient assurer
Que de ma liberté je puis jouïr encore :
    Mais à quel prix ! Il faut lui déclarer,
    Où j'ai laissé l'épouse que j'adore.
Je m'écrie, à ces mots, transporté de fureur :
    Homme cruel, né pour la perfidie,
Sans doute, par le tien, tu juges de mon cœur ;

Apprends que mon secret m'eſt plus cher que ma vie.
Tu peux me la ravir ; mais un indigne effroi
Ne perdra pas , du moins , mon épouſe avec moi.

Madame MONGEI.

Pour aſſouvir leur fureur inhumaine ,
S'il m'eût été permis de partager ta peine ,
Et de ſavoir le lieu de ta captivité ,
Mon tendre cœur , bien loin d'en être épouvanté ,
Eût réuni l'époux , & l'enfant & la mere.

VINCENT.

Je vous aurions , parguenne ! empêché de le faire.
Il en eſt de la liberté ,
Tout ainſi que de la ſanté ;
On la pard quand on veut , & rian n'eſt plus facile ;
Mais en eſt-on privé , l'on ne peut aſſurer
Quand on pourra la retrouver.
Queu bonheur a donc pu vous retirer des pattes
De ce vilain parent ? Je ne le comprends pas ?

MONGEI.

On trouve , dans tous les états ,
Des cœurs compatiſſans , des ames délicates.
Celui que l'on avoit chargé
De m'apporter les beſoins de la vie ,
Parut un jour avoir l'ame attendrie
De l'état où j'étois plongé ,
Et fut juſques à me promettre
Que ſi , me repoſant ſur ſa fidélité ,
Je lui voulois pour toi confier une lettre ,
Il te la feroit rendre en toute ſûreté.

SUZON.

Vous fûtes bien charmé, je gage,
De rencontrer cet homme généreux ?

MONGEI.

Qui protége les malheureux,
D'un Dieu pour eux devient l'image.
J'écrivis en effet ; mais prêt à t'adresser
La lettre que pour toi je venois de tracer,
Un mouvement secret, que je ne pus comprendre,
Sembla tout bas me le défendre.
Puisqu'une noire trahison,
Me livroit aux rigueurs d'une affreuse prison,
J'appréhendai pour toi quelqu'injure nouvelle.
Cet homme, à me servir, parut trop empressé ;
Je crus, par son moyen, voir une main cruelle
T'arracher de l'asyle où je t'avois laissé,
Pour te livrer à la fureur d'un pere.
Peut-être lui faisois-je tort ;
Mais de ce que j'avois de plus cher sur la terre,
Je craignis en ses mains de confier le sort ;
Mon écrit en étoit le seul dépositaire,
Et la flamme, à ses yeux, dévora ce myftere.

VINCENT.

Vous avez plus d'esprit, tatigué ! que Vincent,
D'avoir appréhendé queuque mauvais négoce ;
Car j'avouerai tout bonnement,
Que j'aurions baillé dans la bosse.

MONGEI.

Bien loin d'être surpris d'une telle action :
Ce trait, dit-il, marque votre prudence,

Monsieur, & je conviens que ma profession,
Ne doit pas attirer beaucoup de confiance :
Mais je vous prouverai que dans de vils emplois
    L'humanité se trouve quelquefois ;
Et saurai vous forcer à me rendre justice,
    Par un plus important service.
Il est en mon pouvoir, dans cette extrémité,
    De vous rendre la liberté ;
Ne craignez rien pour moi, je prendrai des mesures
Pour qu'on croye aisément que vous m'avez trompé ;
Et que, malgré mes soins, vous êtes échappé :
Prenez, pour vous sauver, les routes les plus sûres.
    Après ces mots, il conduisit mes pas,
Loin de l'affreux séjour, fait pour les scélérats.
J'ai couru vers ces lieux, malgré la nuit obscure,
Et n'ai pris, depuis hier, repos, ni nourriture,
    Pour moins tarder à remplir en ce jour
Mes devoirs les plus saints, la nature & l'amour.

Madame MONGEI.

    Va, cher époux, si le sort nous opprime,
On ne nous peut, au moins, reprocher aucun crime ;
Sans doute, il est encor des mortels généreux.
Hé bien !... soumettons-nous à travailler pour eux :
Nous possédions jadis des talens agréables,
Qui peuvent aujourd'hui nous être secourables.
On ne doit point rougir d'exercer les talens,
Lorsqu'on y réunit de nobles sentimens.
Le reste de l'argent que tu m'as fait remettre
    Par Vincent, peut nous le permettre.

VINCENT, bas à Suçon.

Bon ! nous voilà dans un bel embarras !

SUZON, à *Vincent.*

Ah ! je fuis plus morte que vive.

VINCENT.

Tire-t-en comme tu pourras :
Je t'avertis que pour moi je dérive.

(*Il fe fauve.*)

SCENE VII.

MONGEI, Madame MONGEI, SUZON.

MONGEI, à *Madame Mo gei.*

DE ce que tu me dis j'ai lieu d'être étonné,
Je n'ai pas vu Vincent, & je n'ai rien donné.

Madame MONGEI.

C'eft à Vincent d'éclaircir ce myftere ?
Suzon.... où donc eft-il allé ?

SUZON.

Je vois qu'il n'eft plus temps, Madame, de me taire ;
Malgré moi, tout eft décélé.

(*Elle fe jette fur les mains de Madame Mongei, les baife;
& lui dit.*)

Me pardonnerez-vous, ô femme refpeɔtable,
Si d'un ftratagême innocent,
J'ai cru devoir, avec Vincent,
Me fervir, pour vous être aujourd'hui fecourable ?

Je vous informerai d'où cet argent nous vient.
Croyez qu'à votre fils de droit il appartient ,
Et cela ne dérange en rien notre fortune ,
Qui d'ailleurs avec nous doit vous être commune ;
    Souvenez-vous que vous avez tantôt
      Daigné m'appeller votre amie :
Je reclame ce titre , & ce n'est qu'un dépôt
    Que par mes mains votre fils vous confie.
      Lorsque le Ciel répand sur nous
      Quelque faveur qui nous étonne ,
C'est un ordre secret , sans doute , qu'il nous donne ,
D'en faire part à ceux qui pensent comme vous.

    Madame MONGEI , *l'embrassant.*

Oui , ma chere Suzon , je me croirois coupable ,
En refusant ce prêt noblement présenté ;
      L'intérêt , ni la vanité ,
    N'entrent pour rien dans une offre semblable.
      Nous pouvons l'accepter de vous ,
Comme un nouveau lien qui nous attache ensemble ;
      Mais je t'avouerai, cher époux ,
      Que ton récit m'inquiette ; & je tremble
Que cette liberté , ce bien qu'on t'a rendu ,
Ne soit un nouveau piége adroitement tendu ,
    Pour découvrir le lieu de ma retraite.
Ton Geolier m'est suspect , je ne le céle pas ;
On peut pendant la nuit avoir suivi tes pas.
Mon ame ne sera pleinement satisfaite
Que lorsque nous serons éloignés de ces lieux.
Ta tête est en danger , & s'il falloit.... Ah ! Dieux !
D'un noir pressentiment je ne puis me défendre....
    Mais voici notre ami Vincent.

SCENE VIII.

MONGEI, Madame MONGEI, SUZON, VINCENT.

VINCENT, *accourant avec précipitation.*

J'Accours vîte pour vous apprendre
Que vous êtes, je crois, dans un danger preſſant.

MONGEI.

Comment?

VINCENT.

J'ai peur que l'on ne vous pourſuive.

Madame MONGEI.

O ciel!

VINCENT.

Dans la cuiſine, en ce moment arrive,
Un vieux Monſieur.à cheveux blancs;
Qui s'informe de ceux qui ſont logés céans.

Madame MONGEI.

Je n'en doute point, c'eſt mon pere!

SUZON.

Quel malheur!

VINCENT.

J'ai fait ſigne à Madame Gervais,
De ne vous pas nommer, que c'étoit un myſtere:

Alle m'a fort bian compris ; mais
Ce Monfieur veut, dit-il, entrer dans cette chambre,
Attendant que fon compagnon,
Qui m'a l'air d'un porte-guignon,
Car il s'eft dit de la Juftice un membre,
Ait été chez tous nos voifins,
Pour s'informer de vous.

(Madame Mongei court pour prendre fon enfant.)

SUZON, *l'arrêtant.*

Laiffez entre mes mains
Ce cher dépôt, j'en réponds fur ma vie.
Ses cris pourroient vous découvrir.
Ce petit cabinet, que je vais vous ouvrir,
Peut vous cacher tous deux.

Madame MONGEI, *abandonnant l'enfant avec peine.*

Ah ! fongez, chere amie....

SUZON.

J'entends monter ; fauvez-vous promptement.

(Ils vont fe cacher dans le cabinet.)

SCENE

SCENE IX.

M. & Madame MONGEI, SUZON, VINCENT, MARLOT.

VINCENT.

C'Est le Valet, gardez qu'il ne vous voie...
(*Marlot entre.*)
Il vous a vu.

MARLOT.

Sans doute. Ah ! que je fens de joie
D'être entré le premier dans cet appartement !

MONGEI.

C'eft mon Geolier, c'eft Marlot.

Madame MONGEI.

Quoi ! ce traître ?

MONGEI.

Ah ! fi j'étois armé, je lui ferois connoître
Qu'on ne me trahit pas impunément.

MARLOT.

Tout doux ;
Souvent le repentir fuit de près le courroux ;
Et, quoique contre moi l'apparence foit forte,
Je ne fuis pas un traître, où le diable m'emporte.
Rendez grace à votre bonheur,
Qui me conduit ici pour vous tirer d'erreur.

C

VINCENT.

Par ainfi, d'un coquin vous n'avez que la meine?

MARLOT.

Votre pere dans peu d'inftans
Va monter en ce lieu ; ne perdons point de temps.
Sachez qu'innocemment j'ai caufé votre peine ;
Que le malin Vieillard m'a trompé le premier ;
Que je fuis fon Valet, qu'il m'a contraint à faire,
Quand vous étiez prifonnier dans fa terre,
Le perfonnage de Geolier.
C'étoit lui qui me faifoit dire,
Sans le citer en rien, que vous pouviez écrire :
Je n'ai fait qu'obéir à fes commandemens ;
Enfin, quand je vous ai donné la clef des champs....

MONGEI.

Quoi! c'étoit lui? ....

MARLOT.

Oui ; mais j'ignorois qu'à la porte,
(Ayant exécuté ce qu'il m'avoit permis,)
Un efpion qu'il avoit mis,
Devoit pendant la nuit vous fuivre & faire en forte
De découvrir le lieu que Madame habitoit,
Où fans doute l'amour d'abord vous conduiroit.
Quand je l'ai fu, j'ai tout mis en ufage,
En le voyant partir, pour être du voyage.
Je n'épargnerai rien ici pour vous fauver....
Vous ne répondez rien, & vous femblez rêver....
Mais je faurai bannir un foupçon qui m'offenfe.
A l'inftant contre moi de colere animé,
Vous aviez du regret de n'être point armé ;

COMÉDIE.

Accordez-moi l'honneur de votre confiance,
Ou, si vous persistez à douter de ma foi,
    (*Il tire son couteau de chasse, & le lui présente.*)
Contentez-vous, Monsieur; défaites-vous de moi.

MONGEI, *l'embrassant.*

Non; je me rends, & veux me fier à ton zèle.

BONCOUR, *derriere le Théâtre.*

Marlot....

MARLOT.

Monsieur... J'entends mon Maître qui m'appelle,
    Vite entrez dans le cabinet.
(*M. & Madame Mongei entrent dans le cabinet, dont*
      Suzon prend la clef.)

VINCENT, *à Suzon pendant que Marlot va au-devant*
de son Maître.

Je le crois honnête-homme, & je le dis tout net.
Mais taisons-nous, velà le Daron qui s'avance.

SCENE X.

BONCOUR, MARLOT, VINCENT, SUZON, *fur le derriere du Théâtre. Suzon tient l'enfant.*

BONCOUR.

DAns cet appartement je ferai mieux, je penfe.
(*A Marlot.*)
Pourquoi m'as-tu quitté là-bas?

MARLOT.

Vous me croyez un fot, mais je ne le fuis pas
Autant que vous penfez. Il faut de la cervelle
Dans ces occafions. Vous caufiez dans un coin
Avec l'Exempt; mais moi toujours rempli de zèle :
Il l'envoye, ai-je dit, peut-être, chercher loin
Ce qu'il tient fous fa main.

VINCENT, *bas à Suzon.*

Ah ! quelle tricherie !
Après ça, fiez-vous aux gens!

MARLOT.

J'ai voulu vifiter toute l'hôtellerie,
Pour vous montrer, par mes foins diligens,
L'intérêt que je prends au chagrin qu'on vous caufe;
Et s'ils étoient céans, j'en faurois quelque chofe.

BONCOUR.

Je me fie à tes foins, fans réferve.

MARLOT.

Il le faut ;
Et ma fincérité doit égaler la vôtre.
Quand on a rien de caché l'un pour l'autre,
Les médifans fe trouvent en défaut.
Je veux vous mettre au point que, fi, voulant me nuire,
Quelqu'ennemi venoit vous dire :
« Pour vos deux fugitifs, Marlot vous a trompé ;
» Il prend leurs intérêts, & connoît leur retraite :
» Les fervir contre vous eft tout ce qu'il projette,
» Et par lui vous ferez dupé » ;
Oui, quand je vous dirois moi-même :
Je vous trompe, Monfieur... fouvenez-vous-en bien ;
Il faut abfolument que vous n'en croyiez rien.

BONCOUR.

(Il s'affied dans un fauteuil.)
J'y fuis bien réfolu.... Dans ma colere extrême,
La vengeance eft mon feul efpoir :
N'importe à qui je puiffe la devoir.

MARLOT.

J'y prends un intérêt que je ne puis vous dire,
Monfieur ; & vous furprendre eft le but où j'afpire.
Mais au moment de vous venger
D'une fille jadis fi chere,
Songeant au trifte état où vous l'aller plonger,
Sentez-vous remuer les entrailles de pere ?

BONCOUR.

Ces tendres fentimens deviendroient fuperflus ;

C'en eft fait, pour mon fang je ne la connois plus :
Oui, l'amour paternel eft éteint dans mon ame.
Depuis un an, pour fuivre un féducteur infâme,
Dans les horreurs elle m'a pu laiffer :
Aux droits du fang on l'a vu renoncer.
Tout ingrat doit braver quiconque lui pardonne.
Et qui fuit-elle, encor, lorfqu'elle m'abandonne !
Un homme fans appui, dont le fort malheureux
Ne lui laiffe efpérer qu'un avenir affreux.
Puis-je, d'ailleurs, approuver l'alliance
D'un roturier, fans bien ? Prendrois-tu fa défenfe ?

MARLOT.

Non, je n'entreprends point de le juftifier.
Il a tort ; mais je crois, à parler fans fineffe,
Que de tout arbre de nobleffe
La racine eft un roturier.

BONCOUR.

Qu'elle demeure, au moins, fous terre enfévelie.
En voyant fes rameaux aifément on l'oublie.
Qu'attendre d'un mortel aux travaux deftiné ?
Nourri dans la baffeffe, il meurt comme il eft né.

VINCENT, *s'approchant.*

Excufez-moi, Monfieur, fi j'ons la hardieffe,
Comme étant roturier, d'entrer dans l'entretien.
Je devons, il eft vrai, refpect à la nobleffe ;
Mais ça ne conclut pas que je ne valons rien.
Les honnêtes gens & les traîtres
Sont de tous les états & de tous les pays.
Je voyons, chaque jour, dans nos travaux champêtres,
Qu'un var ne ronge pas le cœur de tous les fruits.

COMÉDIE.

BONCOUR.

Je dois en convenir, & je suis incapable,
Mes chers enfans, de vous humilier.
L'homme que la douleur accable
Peut bien dans ses discours quelquefois s'oublier.
Mon âge & mes chagrins me serviront d'excuse.

VINCENT.

Quand les Grands ont queuque chagrin,
Les Petits, d'ordinaire, en patissont un brin.
Je savons ça. C'est, si je ne m'abuse,
Comme quand le grand vent boute un clocher à bas;
Les maisons d'alentour en sentent les éclats.
Partant, j'allons laisser Monsieur tranquille.

MARLOT, à *Boncour.*

Si par hazard ici je vous suis inutile,
Monsieur, j'irai là-bas, & je m'informerai
Finement de nos gens. Peut-être....

BONCOUR.

A la bonne heure;
Mais pourvu que quelqu'un auprès de moi demeure.

SUZON.

Avec bien du plaisir, Monsieur, j'y resterai.

BONCOUR.

Ce sera m'obliger; je crains la solitude;
Elle ajoûte toujours à mon inquiétude.

(*Suzon s'assied avec l'enfant dans ses bras.*)

MARLOT, *bas à Vincent.*

Nous ne gagnerions rien à le contrarier;
Mais, malgré ce qu'il dit, il adore sa fille:

C iv

Il faut qu'avec l'hôtesse un moment je babille,
Pour jouer au bon-homme un tour de mon métier.

(*Il sort avec Vincent.*)

SCENE XI.

BONCOUR, SUZON.

BONCOUR, *se leve de son fauteuil.*

Dans ce logis êtes-vous étrangere,
Ma belle enfant ?

SUZON.

Non, Monsieur ; la maison
Depuis trois ans appartient à ma mere.

BONCOUR.

Et quel est votre nom ?

SUZON.

Je m'appelle Suzon ;
Pour vous servir, si j'en étois capable.

BONCOUR.

Vous tenez dans vos bras un enfant bien aimable.

SUZON.

Trouvez-vous cela tout de bon ?

BONCOUR.

Oui ; de quel sexe est-i! ?

SUZON.

Monſieur, c'eſt un garçon.

BONCOUR.

Vous êtes ſa mere, ſans doute ?

SUZON, *troublée.*

Monſieur... il.... m'appartient.

BONCOUR.

Hé quoi ! vous rougiſſez !
Je ne puis exprimer le plaiſir que je goûte
A voir ce bel enfant.

SUZON.

Ah ! vous me raviſſez !
Si vous ſaviez.... combien je l'aime !

BONCOUR.

L'homme qui dans l'inſtant étoit auprès de vous,
Eſt donc ſon pere & votre époux ?

SUZON.

Vous le dites.

BONCOUR.

J'aurois une douleur extrême,
S'il arrivoit quelqu'accident,
Je vous l'avoue, à cet enfant.
Ayez-en ſoin, ſa vue a pour moi tant de charmes,
Que je ne ſais d'où vient qu'en le voyant,
Je me ſens ému juſqu'aux larmes.

SUZON.

Vous en avez auſſi, Monſieur, apparemment ?

BONCOUR.

Hélas ! je n'avois qu'une fille,
Qui faisoit mon espoir & toute ma famille :
Je l'ai perdue, elle n'est plus pour moi !

SUZON, *en riant.*

A sa place, prenez le mien.

BONCOUR, *sérieusement.*

De bonne foi,
Me le donneriez-vous ?

SUZON, *prenant aussi l'air sérieux.*

De grand cœur ; car j'espere,
Si vous lui faisiez cet honneur,
Qu'il pourroit faire le bonheur
Un jour de son pere & sa mere.

BONCOUR.

Peut-être votre époux, en suppofant le cas,
S'opposeroit....

SUZON, *riant.*

Lui, Monsieur ? Au contraire,
A cet égard, vous pouvez faire
Comme si je n'en avois pas.

SCENE XII.

BONCOUR, SUZON, VINCENT.

VINCENT, *se parlant à lui-même.*

Ils complottont là-bas queuque nouvelle histoire,
Qui ne me plaît pas trop ; ils voulont faire accroire....

BONCOUR, *voyant Vincent.*

Ah ! mon ami, vous venez à propos.
Il s'agit d'un heureux que nous souhaitons faire :
Votre femme y consent, mais il est nécessaire....

VINCENT, *étonné.*

Mais ce n'est pas ma femme....

SUZON, *bas.*

Écoute quatre mots.

BONCOUR, *continuant.*

Je sais que son aveu ne peut rien sans le vôtre.
Si vous me l'accordez, mon dessein à l'instant
Est d'assurer un sort brillant à votre enfant.

VINCENT, *encore plus surpris.*

A mon enfant ! parguenne, en voici bien d'une autre !

BONCOUR.

Il paroit bien surpris.

VINCENT.

Qui ne le seroit pas ?

(Bas à Suzon.)

Quoi ! je me fauve de là-bas,
Pour ne pas mentir, &....

SUZON, *à Boncour.*

Souffrez, je vous conjure ;
Monfieur, que je lui parle un moment à l'écart ;
Il y confentira.

BONCOUR, *pendant que Suzon parle à Vincent.*

Je l'avouerai fans fard,
J'admire dans nos cœurs l'effet de la Nature.
Un pauvre Payfan ne fauroit confentir
Qu'on le prive d'un fils deftiné pour la peine,
Et dont il voit la fortune certaine ;
Mais nos cruels enfans fe preffent de fortir
De nos bras paternels, & leur premiere envie,
Dès leur adolefcence, eft de prendre l'effor.
Ce n'eft qu'à des ingrats que nous donnons la vie ;
Et qui, prefque toujours, avancent notre mort.

SUZON, *s'approchant de Boncour.*

Il y confent, Monfieur ; l'affaire eft décidée.

VINCENT.

Oui, ça vaut fait, j'en fis d'accord :
Je nous ferions rendu plutôt à votre idée ;
Mais je n'entendions pas tout ce mic-mac d'abord :
L'Enfant vous appartiant.... Mais qu'en voulais-vous
faire ?
Il faut que fes parens apprenniont ça de vous,
Et qu'il foit plus heureux qu'il ne feroit cheux nous.

COMÉDIE.

BONCOUR.

Me cédez-vous fur lui vos droits de pere ?

VINCENT.

Oh ! pargué, tant qu'il vous plaira.
J'en aurions trente comme ça,
Qu'ils feriont à votre farvice,
Et je ne croirions pas les pouvoir mieux placer ;
Je connoiffons nos gens.

BONCOUR.

D'un pareil facrifice
Je faurai vous récompenfer.

VINCENT.

Ah ! vous vous bouteriez en frais pour peu de chofe ;
Car, dans le vrai, vous ne nous devais rien.

BONCOUR.

Apprenez que je me propofe
De l'adopter pour fils, & lui donner mon bien,
Pour punir une fille ingrate,
Qu'un lâche fuborneur entraîna loin de moi.
Elle a fans mon aveu difpofé de fa foi,
Et d'attendrir mon cœur, peut-être encor fe flatte.
Mais j'attefte le Ciel, & l'Univers entier,
Que cet enfant fera mon unique héritier.

SUZON.

Nous comptons fur votre parole.

BONCOUR.

J'engage mon honneur de n'y jamais manquer.

SCENE XIII.

Madame GERVAIS, BONCOUR, SUZON, VINCENT, MARLOT.

MARLOT.

MA peine heureusement n'a pas été frivole.

BONCOUR.

Sais-tu quelque nouvelle ?

MARLOT.

Avant de m'expliquer,
Daignez m'instruire, au vrai, de l'état de votre ame.
Votre fille, Monsieur, cet objet tant aimé,
Votre cœur sans retour pour elle est-il fermé ?

BONCOUR.

Sans doute, & pour toujours : qu'on m'approuve ou me
blâme,
Je ne veux écouter que mon ressentiment.

MARLOT.

Quoi ! vous ne sentez pas le moindre mouvement....

BONCOUR.

Non ; que celui de voir ma colere assouvie.

MARLOT.

Vous voulez la punir ?

BONCOUR.

Je le veux, je le dois.

Madame GERVAIS.

Elle est plus heureuse cent fois,
En ce cas-là, d'avoir perdu la vie.

BONCOUR, *avec saisissement.*

Ah! que m'apprenez-vous?

MARLOT, *à part.*

Le grand coup est frappé!

BONCOUR, *tombant dans un fauteuil.*

Je n'y survivrai pas, si la chose est certaine.

Madame GERVAIS.

Je n'ai pas cru, Monsieur, vous faire de la peine;
Et tout innocemment ça nous est échappé.
Excusez, s'il vous plaît.

BONCOUR, *tirant son mouchoir.*

O Ciel! quel coup de foudre!
Je ne la verrai plus!

Madame MONGEI, *sort un peu du Cabinet.*

Je ne puis me résoudre
A le laisser plus long-temps dans l'erreur.

MARLOT, *la faisant rentrer.*

Il n'est pas temps....

BONCOUR, *l'ayant entendu.*

Comment?

MARLOT, *feignant de pleurer.*

Oui, de votre douleur

Il n'eſt pas temps d'augmenter l'amertume,
En vous contant le triſte événement
Qui l'a miſe au tombeau.

BONCOUR.

Point de ménagement :
Que dans le déſeſpoir mon ame ſe conſume.
Oui, redoublez le coup dont vous m'avez bleſſé.
L'on ne doit voir en moi qu'un vieillard inſenſé,
Qui par ambition a trahi ſa promeſſe.
De Mongei mon épouſe approuvoit la tendreſſe :
Avec ſa fille elle vouloit l'unir ;
Elle me fit jurer, à ſon dernier ſoupir,
Quoi qu'il pût arriver, de le choiſir pour gendre.
Par des malheurs, depuis ayant perdu ſes biens,
Qu'il eût pu recouvrer par le ſecours des miens,
J'oubliai mes ſermens, & j'oſai lui défendre
De ſe flatter jamais de l'hymen projetté.
D'un autre amant, qui me fut préſenté,
(Dont la haute fortune égaloit la naiſſance,)
L'ambition me fit deſirer l'alliance.
De ma fille à mes pieds je mépriſai les pleurs,
J'abuſai d'un pouvoir qu'à préſent je déteſte ;
Et, le jour pris pour cet hymen funeſte,
Sa fuite, qu'on m'apprit, redoubla mes fureurs.

Madame GERVAIS.

Ah ! pour elle, Monſieur, le coup le plus ſenſible
Fut dans l'inſtant qu'on lui dit qu'en priſon
Son pauvre époux étoit, par trahiſon.
A cette nouvelle terrible,
Elle ſe lamenta d'une telle façon,
Qu'elle accoucha céans d'un beau garçon,

Qui

Qui nous eſt demeuré pour gage ;
Car peu d'inſtans après elle plia bagage.

BONCOUR, _ſe levant avec vivacité._

Que dites-vous ? Un fils d'elle vous eſt reſté ?
Ah ! de grace que je le voie.

SUZON, _lui préſentant l'enfant._

C'eſt un conſolateur que le Ciel vous envoie ;
L'enfant que dans l'inſtant vous avez adopté ,
N'en doutez pas , Monſieur , eſt votre fils lui-même ;
J'ai cru pouvoir uſer de ſtratagême ,
En vous laiſſant quelque temps dans l'erreur.
Quoi ! ce titre ſi doux ſeroit-il inutile ?
On voit en lui vos traits , vos bras ſont ſon aſyle ,
Et votre ſang fait palpiter ſon cœur.
S'il étoit quelqu'ame aſſez dure
Pour avoir contre lui quelque mauvais deſſein ,
Il devroit n'avoir pas de retraite plus ſûre ,
Qu'en ſe jettant dans votre ſein.
(_Ici M. Boncour regarde l'enfant un moment , puis s'en
détourne._)

VINCENT.

Vous n'oſez devant nous li marquer de tendreſſe ?
Méconnoître ſon ſang , eſt-ce un trait de nobleſſe ?
Hé bien ! morgué , je ſommes ſon parrein ;
Rian ne li manquera , tant que j'aurons du pain.
Eſt-ce ſa faute , à li , s'il n'eſt pas genti-zomme ?
Tenez , s'il en vaut moins , je veux bian qu'on m'aſſom-
me :
J'en ferons un gentil garçon.
Il ſaura travailler ; la Providence eſt bonne.

D

Quand il faut accomplir ce qu'alle nous ordonne,
Tout noble peut cheux nous venir prendre leçon.

BONCOUR, *avec le plus grand attendriſſement.*

Mon courroux eſt vaincu, la Nature l'emporte;
Mon ame n'eſt point aſſez forte,
Pour réſiſter à des coups ſi puiſſans.
Allez chercher Mongei; courez, mes chers enfans.
Du paſſé dans mon cœur le ſouvenir s'efface;
Le fruit de ſon erreur vient d'obtenir ſa grace.

SCENE XIV. ET DERNIERE.

Les Acteurs précédens, & MONGEI.

MONGEI, *sortant du cabinet, & se jettant à ses pieds.*

Vous le voyez à vos genoux :
Il ne vous a jamais rendu haîne pour haîne ;
Et même, en éprouvant votre injuste courroux,
Sa tendresse pour vous n'étoit pas incertaine.

BONCOUR.

Me pardonneras-tu, dis-moi,
Les maux que t'a causé mon injuste colere ;
Et la perte sur-tout d'une épouse si chere,
Que je regrette autant & plus que toi ?

(*Ici Marlot amene Madame Mongei à côté de son pere ;*
elle prend la place de son mari, sans que Boncour s'en
apperçoive, & il continue à parler.)

Par ma sévérité j'ai causé sa disgrace :
Reproche-moi sans cesse une injuste rigueur,
Qui me prive de la douceur
De l'embrasser ainsi que je t'embrasse.
(*Il croit embrasser Mongei, & embrasse sa fille.*)

Madame MONGEI.

Ne vous reprochez rien, elle est entre vos bras.

BONCOUR, *avec la plus grande joie.*

Que vois-je ? Hé quoi ! mes yeux ne me trompent-ils pas ?

Le Ciel daigne me rendre une fille chérie ;
    Tous mes defirs font fatisfaits.

VINCENT, à *Suzon.*

Sans avoir dit, pourtant, un mot de menterie,
J'ons eu part, comme un autre, à cet heureux fuccès.

Madame MONGEI.

Vous oubliez mes torts ? Tant de bonté m'accable,
Mais pour les réparer....

BONCOUR.

                  Va, je fuis feul coupable.
    Je vois en vous l'appui de mes vieux ans ;
      Le Ciel a tout conduit fans doute.
Il n'appartient qu'à lui de remplir tous mes fens
      Du plaifir parfait que je goûte.

Madame GERVAIS.

Oui, Monfieur a raifon, le Ciel a tout conduit ;
    Et de bon cœur je lui rends grace,
De ce que c'eft chez moi que tout cela fe paffe.

Madame MONGEI.

Ah ! mon pere, il eft bon que vous foyez inftruit
Que ces cœurs généreux ont eu la confiance
    De foutenir notre exiftence.
Je vous dirai, de plus, que Suzon & Vincent....

VINCENT, *l'interrompant.*

Parlons d'un point bian plus intéreffant.
    Songez que votre époux, morguenne,
    A jeûné pendant fa prifon ;
Qu'il reviant de Paris ici tout d'une haleine,

Et qu'il doit, comme de raison,
Avoir grand befoin de repaître.
J'ons trop bon appetit pour ne pas m'y connoître.
Entrez donc, s'il vous plaît, dans la falle à manger;
C'eft-là qu'en déjeûnant, tout pourra s'arranger.
On ne s'accorde, ce me femble,
Jamais fi bian, que quand on trinque enfemble.

BONCOUR, à *Vincent.*

Des obligations que nous vous avons tous,
En vain, par ce confeil, vous voulez nous diftraire,
Je fens trop ce que je dois faire
Pour d'auffi dignes gens que vous.
Que mon exemple ferve à vous faire connoître
Qu'on ne punit jamais fes enfans, fans effort.
Quelque reffentiment que l'on faffe paroître,
Le cri de la Nature eft toujours le plus fort.

F I N.

AVIS NÉCESSAIRE.

COMME il est important, pour la réussite de cette Pièce, de ne pas y faire paroître un enfant véritable, qui, s'il venoit à crier, ne pourroit que produire un très-mauvais effet ; l'Auteur a fait faire exprès un buste d'enfant, dont la figure est aussi naturelle qu'intéressante. Les Troupes de Province qui voudront jouer la Pièce, pourront s'adresser, pour en avoir un, au Sieur Renaud, Peintre & Statuaire, demeurant à Paris, rue des Cordeliers, chez M. Bernard, Perruquier, au quatrième étage. Ledit buste, bien peint, & empaqueté dans une boëte, pour qu'il ne se gâte pas pendant les voyages, coûtera neuf francs. On aura la bonté d'affranchir les lettres, & de prévenir le Sieur Renaud, huit jours avant l'envoi.

APPROBATION.

J'Ai lu, par ordre de Monseigneur le Chancelier, une Comédie en un Acte, intitulée, *le Cri de la Nature*; & je crois qu'on peut en permettre l'impression. A Paris, le 4 Avril 1771.

RÉMOND DE SAINTE-ALBINE.

De l'Imprimerie de la Veuve Simon & Fils, Imprimeur-Libraires de S. A. S. Monseigneur le Prince de Condé, rue des Mathurins, 1771.